AF229908

AVIS

AUX DÉPUTÉS

DE 1824,

PAR UN AMI DESINTÉRESSÉ

DE LA MONARCHIE.

PARIS,

J. G. DENTU, IMPRIMEUR-LIBRAIRE,

RUE DES PETITS-AUGUSTINS, N° 5.

MDCCCXXIV.

AVERTISSEMENT.

—

Cᴇᴛ écrit devait paraître avant les élections (1).

Des circonstances tout-à-fait indépendantes de la volonté de l'auteur, et qu'il veut bien passer sous silence, en ont retardé la publication.

Dans l'intervalle, les élections ont eu lieu, mais l'auteur maintient quelques réflexions qu'il avait émises sur leurs résultats probables, parce qu'il les croit plus vraies que les faits mêmes qui les démentent.

-----

(1) Et sous ce titre : *Politique de M. de Villèle ;* avec cette épigraphe : *C'est l'arbre qui porte son fruit.* (Paroles de M. de Villèle.)

AVIS

AUX DÉPUTÉS

DE 1824.

LA dissolution de la Chambre des députés, depuis le moment où elle a été prononcée jusqu'à ce jour, n'a pas cessé d'occuper fortement les esprits, beaucoup plus fortement que ne l'avaient pensé, et surtout désiré, ceux qui ont provoqué cet acte imposant de la prérogative royale. On est généralement persuadé qu'il a été demandé par M. de Villèle et qu'il est le résultat nécessaire de *sa politique*; de là ces questions qui, il faut l'avouer, se présentent bien naturellement : Quelle est la politique de M. de Villèle? d'où vient-elle? où va-t-elle? c'est à l'examen rapide et à la solution de ces questions qu'est destiné cet écrit.

La politique de M. de Villèle se partage comme d'elle-même en deux grandes divisions, en raison de l'influence qu'il a exercée, ou voulu exercer sur toutes les affaires : politique extérieure, politique intérieure; nous nous occuperons seulement de cette dernière; si nous suivions une autre marche nous serions obligés d'entrer dans de grands développemens, nous nous écarterions trop sensiblement de l'objet que nous avons particulièrement en vue, la dissolution.

Il nous faudrait d'ailleurs soulever des questions par trop délicates, auxquelles un écrivain ami de son pays ne doit pas vouloir toucher, du moins en ce moment. Nous nous permettrons seulement quelques réflexions bien courtes.

La situation politique de l'Europe est telle qu'il est extrêmement difficile d'en apprécier la gravité; on sent que des événemens se préparent; ils s'annoncent avec une irrésistible autorité, celle qui vient *de la force des choses;* mais il n'est donné à personne, pas même aux hommes qui dirigent les cabinets, de prédire avec une suffisante justesse quels seront ces événemens, et surtout quelles en seront les conséquences; elles sortent de l'ordre ordinaire, elles sont incalculables. Mais, quelles qu'elles puissent être, la France est appelée à prendre une part active, à exercer une haute intervention dans les transactions qu'amènera nécessairement l'état des choses dans les deux mondes ; c'est une prérogative qu'elle tient de la position où l'ont placée les faits qui ont précédé et accompagné la guerre faite à la révolution d'Espagne.

Il faut le dire ; la restauration de la France, sous les rapports de sa dignité, de sa prépondérance à l'étranger, date du congrès de Vérone ; une nouvelle ère s'y ouvrit pour elle ; l'attitude qu'elle prit dans cette imposante assemblée, le langage qu'elle y tint par l'organe des nobles représentans qu'il avait plu au Roi de lui donner, durent flatter les cœurs vraiment français ; pour la première fois, depuis le retour de ses princes, elle ne se présentait pas dans le conseil des Rois pour y subir des conditions dures, ni pour y essuyer des reproches toujours humilians ; elle y reprenait la place élevée qui lui est assignée parmi les nations, et que réclamait impérieusement la grandeur de ses peuples, la dignité de sa maison royale, la puissante influence de sa civilisation ; mais ce qu'il est bien important de faire remarquer ici, c'est que la France, en déclarant qu'elle était prête à combattre une révolution qui menaçait violemment toutes les légitimités, se plaçait par ce fait même à la tête de l'alliance dont tous les membres avaient un intérêt égal à ce que cette révolution fût attaquée et vaincue. C'est ce que ne comprit pas M. de Villèle, et l'on sait qu'il ne tint pas à lui qu'elle manquât de recueillir les fruits d'une politique qui n'était pas celle de ce ministre, mais qui était si vraie qu'il fallut y revenir après avoir écarté le ministre qui l'avait fondée.

Nous avons dû parler, au moins très-sommairement, du congrès de Vérone ; c'est le point de départ ; de là, à Cadix, il y avait moins loin que ne le pensaient bien des gens.

Mais ne devons nous pas dire un mot de plus ? le lecteur royaliste n'aurait-il pas un reproche grave à nous faire si nous paraissions mettre en oubli l'homme d'état qui, dans ce moment décisif peut-être, servit son pays et son Roi avec autant d'habileté que de succès ; nous écrivons le nom de Montmorency, c'est le seul hommage qui soit digne de celui dont l'éloge est tout entier dans ce mot heureux, qui le peignait si bien : *son cœur est aussi noble que son nom.*

Si, par les motifs que nous avons exposés, nous voulons éviter la discussion sérieuse de notre situation à l'extérieur, nous ne saurions garder le même silence sur les affaires de la péninsule ; dans un écrit consacré à M. de Villèle, ne pas parler de l'Espagne, serait une omission choquante ; nous ne sommes point d'ailleurs hors de notre sujet ; l'organe avoué du ministère n'a-t-il pas dit que la dissolution de la Chambre était une conséquence de la guerre d'Espagne? nous le croyons bien aussi, mais probablement par des motifs fort différens ; quoi qu'il en soit, nous ne pouvons nous dispenser de jeter un regard sur ce vaste théâtre de la politique de **M.** de Villèle.

Le président du conseil ne voulait pas cette guerre ; il *ne la voulait pas*, disons-nous, et nous attachons à l'expression dont nous nous servons son acception absolue, nous réservant de justifier dans un moment la sévérité avec laquelle nous reproduisons ce souvenir fâcheux.

Qu'on ne croie pas cependant que nous voulions imputer comme un tort à **M.** de Villèle sa vive opposition à cette grande mesure ; loin de là, nous lui ferons une concession large ; cette opposition, dirons-nous, était une opinion, une opinion comme une autre, et chez un royaliste, nous lui accorderons, sous le rapport des intentions, l'avantage d'être irréprochable : elle était bien fausse sans doute, bien contraire aux intérêts les plus chers, avouons-le même, aux besoins les plus pressans de la monarchie ; elle devait certainement suffire pour donner aux royalistes la mesure du génie de celui qu'ils avaient porté au pouvoir ; mais enfin M. de Villèle n'était pas obligé d'apporter dans l'exercice du pouvoir plus de profondeur de vue que la nature ne lui en avait départi.

Les torts du ministre dirigeant tiennent donc à des considérations d'un autre ordre ; ils sont très-graves, et la tribune, s'il ne parvient pas à la rendre muette, le lui dira sévèrement.

Il est un fait malheureusement trop vrai ; depuis près de dix ans en possession du gouvernement représentatif, nous sommes sans principes fixes, sans doctrines parlementaires ; il ne faut pas s'en étonner, les ministres qui se sont succédés jusqu'à ce jour ont évité tout ce qui pouvait tendre à les fonder, dans la crainte d'avoir à en subir les conséquences : nous ne les verrons s'établir dans les Chambres et dans l'opinion que lorsque nous aurons des ministres assez sûrs d'eux-mêmes, assez sûrs du parti politique qui les aura produits pour ne pas hésiter à proclamer ces principes salutaires que réclame la nature de nos institutions.

Ils règnent chez nos voisins ; le ministre qui tenterait de se soustraire à leur autorité s'y perdrait d'honneur ; une question d'un intérêt majeur vient-elle à se présenter? les hommes d'état se prononcent, le chef du conseil adopte une opinion parce qu'il la croit bonne, il la soutient, la défend, cherche à la faire prévaloir par tous les moyens que peuvent lui fournir son influence et son habileté ; s'il y réussit, il est assuré de se maintenir au pouvoir ; dans le cas contraire, il se retire ; cette règle est fondée sur le bon sens, sur la vérité même. Il serait trop absurde d'admettre que ceux qui ont combattu une grande résolution seront plus propres à la mettre à exécution que ceux qui l'ont fait adopter.

C'est cependant ce que nous avons vu à l'occasion de la guerre d'Espagne ; voudrait-on objecter que la question résolue par le discours du trône n'a pas été livrée à une discussion parlementaire? Cela est vrai ; mais qui ne sait qu'elle n'a été résolue dans le sens de la guerre que parce que l'on a reconnu l'impossibilité de la faire résoudre dans le sens contraire? A l'époque de la session, de prodigieux efforts furent tentés pour entraîner les royalistes vers cette dernière opinion ; un moment même on crut avoir réussi , et nous pouvons donner comme un fait dont personnellement nous avons la preuve, que peu de tems encore avant l'ouverture des Chambres, dans le cabinet du président du conseil, on se croyait sûr d'une majorité disposée au maintien d'un état de choses que dans ce cabinet on appelait la paix ; M. de Villèle se trompait (il ne connaît pas son propre parti). La complaisance des royalistes pour un ministre sorti de leurs rangs peut aller assez loin, mais elle a ses limites, du moment où ils sentent, et ils ont à cet égard un tact qui ne les a jamais trompés, qu'il s'agit d'un des grands intérêts de la monarchie, ils s'arrêtent, il n'y a plus de concession à leur demander, ils n'ont plus à offrir qu'un inflexible attachement à la cause qu'ils ont embrassée ; nous aimons à le dire , la conscience des royalistes, dans les questions vraiment essentielles, s'est toujours montrée d'une extrême susceptibilité ; jamais on ne parviendra à lui faire violence.

Bientôt parut le discours du trône. Vaincu dans son système, M. de Villèle en avait soudain changé ; la conservation de sa place était à ce prix ; l'on nous permettra de faire remarquer que c'était l'acheter chèrement.

Cependant, les écrivains à la solde de **M.** de Villèle n'ont pas craint de se prévaloir du discours de la couronne; dans le but unique de soustraire leur patron à des reproches accablans, ils n'ont pas craint de méconnaître une maxime sacrée , conservatrice de la royauté comme des libertés publiques, celle de l'inviolabilité du monarque, et, par suite, de la responsabilité ministérielle; ils ont mis en avant une volonté personnelle au prince; par cette coupable insinuation, ils sapaient dans sa base le gouvernement représentatif, qui peut-être ne repose que sur la maxime que nous avons invoquée; bien plus, ils faisaient à la majesté royale un indigne outrage. Des hommes et des systèmes divers se sont successivement élevés dans le gouvernement. Le Roi, marchant avec sagesse et d'un pas ferme dans la voie que lui-même avait tracée , adoptant par des motifs tirés d'une haute politique, les conséquences immédiatement attachées aux institutions qu'il avait données à ses peuples , n'a point refusé son appui à ces hommes et à leurs systèmes; il les a protégés aussi long-tems qu'il a pu penser que l'opinion publique légalement exprimée ne les repoussait pas; qui oserait dire ceci: *Le Roi s'est contredit?*

qui? des royalistes, ceux-là qui ont osé dire à la France : « La détermination prise d'abord de ne pas faire la guerre à la révolution d'Espagne, celle prise bientôt après de marcher contre elle, ne tiennent pas à des opinions particulières à M. de Villèle, elles ne lui appartiennent pas, elles descendent du trône ! »

A quelles extrémités n'est-on pas réduit lorsque l'on veut absolument voiler des fautes pour lesquelles il n'est point de voile ! Les amis de M. de Villèle, montrant plus de loyauté, auraient fait preuve de plus d'adresse ; mais en cherchant obstinément à fonder sa défense sur un mensonge, ils lui ont nui beaucoup et sous un point de vue que nous devons nous contenter d'indiquer.

C'est cette obstination si *peu politique* qui nous a autorisés à insister fortement sur ce fait, que l'opposition de M. de Villèle fut long-tems absolue, et point du tout conditionnelle, distinction que même encore aujourd'hui on se plaît à reproduire avec une inconcevable assurance.

Ne se souvient-on donc pas qu'il existe des faits ! qu'ils sont d'une accablante notoriété ! Veut-on nous forcer à les rappeler ? faudra-t-il déployer ces feuilles, tristes archives d'une déplorable politique, citer ces dégoûtans articles dont un honorable député a fait si hautement justice (1), où l'on vit des écrivains royalistes livrer à l'animadversion publique des royalistes nombreux, les signaler comme de mauvais Français, des ennemis de la monarchie, ou tout au moins comme des *fanatiques* qu'il fallait prendre en pitié? Oublie-t-on que l'on a menacé nos soldats du couteau espagnol, et qu'on nous a menacés de nos soldats (2)?

Nous le dirons, puisqu'on le veut, nous le dirons, dans ce moment surtout où M. le président du conseil sollicite de la France royaliste un témoignage solennel de sa reconnaissance pour les services qu'il lui a rendus, et de la confiance qu'elle ne doit pas cesser de mettre en lui : M. de Villèle a tremblé devant la révolution, il l'a redoutée en Espagne, il l'a redoutée ici ; ne s'étant pas encore aperçu, cet *homme d'état*, que la révolution n'est à redouter nulle part, du moment où l'on veut la

---

(1) Discours de M. de La Bourdonnaye, séance du 8 février 1823.

(2) Voyez le *Journal des Débats*, novembre et décembre 1822.

regarder en face , il a eu peur de l'armée ;,
(qu'elle s'est bien vengée de cet outrage !)
Ministre français, devant une chambre française, croyant sans doute avoir besoin de justifier une résolution généreuse qui n'était pas
la sienne, il lui est venu dans la pensée de
nous montrer le Russe disposé à nous dicter
des lois, et prêt *à dépasser nos frontières du
Nord pour nous pousser vers celles du Midi.* Mot
inconcevable, mot honteux qui n'avait pas même
le triste mérite d'être vrai , mais qui, servant
trop bien le parti ennemi, lui offrait le moyen
de présenter la guerre sous l'aspect d'une dure
nécessité que nous imposait l'étranger et qu'il
nous fallait subir. Que dirons-nous! il a res-
senti toutes les terreurs, éprouvé tous les
doutes, hormis le seul qui fût vraiment fondé :
nous voulons parler de son aptitude à diriger
les conseils d'un puissant monarque.

Enfin la guerre s'est faite malgré M. de Villèle ; et, par un concours de circonstances fort
heureuses, mais dont plusieurs étaient inatten-
dues, elle s'est faite sans lui, ministre dirigeant : nous voulons dire qu'il n'a pu faire
prévaloir les dispositions qu'il avait présentées
comme des conditions inséparables de l'inva-

sion, dispositions qui allaient droit à une transaction avec la révolution (1).

On sait quelle est la situation de l'Espagne ; les politiques, se sentant gravement compromis, ont cherché un système de justification ; ils croient l'avoir trouvé ; depuis quelque tems ils le présentent avec un vif intérêt, et nous ne doutons pas qu'ils ne cherchent à l'introduire dans la Chambre, s'il ne s'y trouve personne pour en faire justice. « Pourquoi revenir sur une chose jugée? pourquoi reprocher amèrement à un ministre une erreur réparée? Que M. de Villèle ait ou n'ait pas voulu la guerre d'Espagne, il importe peu ; la guerre est terminée ; notre armée, son chef magnanime sont rentrés victorieux ; que veut-on de plus? S'inquiète-t-on des résultats?......: les résultats ne sont pas notre fait, ils viennent de la force des choses, ils étaient la conséquence nécessaire de l'invasion ; et, lors même que M. de Villèle en se retirant aurait abandonné la direction de la guerre au parti qui l'avait fait déclarer, *ces résultats n'auraient pas été différens.* »

Nous ne sommes pas de ceux qui présentent une objection faible afin de se donner l'avantage facile de la réfuter ; nous croyons avoir

____

(1) Voyez la note à la fin.

exprimé la pensée des *politiques* avec assez de justesse pour qu'ils ne soient pas tentés de la désavouer. Les esprits attentifs ont déjà senti combien il importe à leur chef qu'elle soit adoptée ; la question espagnole est là tout entière.

Cette pensée est-elle au moins sincère ? croit-on ce qu'on avance ? cela n'est pas impossible : on parle de fanatisme ; la médiocrité a aussi le sien, et nous ne sommes pas éloignés d'admettre que quelques amis de M. de Villèle soint consciencieusement persuadés que les résultats de la guerre d'Espagne auraient été les mêmes, quelle qu'eût été l'opinion appelée à la diriger : on ne saurait s'abuser plus complètement.

Deux choses très-distinctes sont ici à considérer, les résultats militaires, ceux politiques ; veut-on parler des premiers ? Oh ! nous nous hâtons de le déclarer ; en présence de tout autre ministère que celui de M. de Villèle, ils n'auraient pu être différens ; nos soldats n'auraient été ni plus braves ni plus fidèles, le prince auguste qui les conduisait, plus habile ni plus hardi ; ils n'auraient pu occuper plus de terrain, enlever plus de positions, se couvrir de plus de gloire ; plus de lauriers ne ceindraient pas leur tête ; la France enfin n'aurait pu être plus fière de leurs succès ; *mais leurs succès auraient été plus utiles à la France et à l'Espagne ;* et c'est ici que vient s'établir une différence immense.

Qu'allions-nous faire en Espagne? délivrer son roi, sans doute, le reporter sur le trône; mais n'allions-nous faire que cela, et ne devions-nous pas vouloir autre chose ? M. de Villèle l'entendait bien ainsi, et ses amis savent mieux que nous qu'avant et depuis la libération du roi (en ce moment même encore), il a essayé vingt fois, et toujours infructueusement, d'exercer une intervention dans les affaires intérieures de la péninsule. Ce n'est pas de ce désir que nous nous plaignons ; il était légitime en lui-même, bien fondé; dans les intérêts de l'Espagne comme dans les nôtres, il était instant qu'une intervention eût lieu; et si elle avait été offerte à Ferdinand par un ministre qui se trouvât placé à son égard dans une position moins fâcheuse que M. de Villèle, nous sommes persuadés qu'il l'aurait acceptée avec empressement : il en avait besoin.

Mais qui pourrait blâmer ce prince de son invincible répugnance à écouter les conseils de M. de Villèle (quand bien même ils seraient autres qu'on les croit) ? Franchement, ce ministre a-t-il des droits à sa confiance? à quel titre veut-on qu'il la réclame? le monarque espagnol peut-il ne pas connaître, et peut-il oublier de déplorables antécédens? ne sait-il pas combien M. de Villèle était disposé à faire bon marché de sa liberté et des droits de sa couronne, alors que l'on demandait aux cortès, pour unique condition du maintien de la paix, qu'il fût permis au roi d'aller prendre les bains de *Sacedon* et de visiter les *Sitios*, à cette époque où le président du conseil, abaissant la maison de Bourbon devant l'ambassadeur révolutionnaire, ne lui demandait aussi qu'un prétexte, l'ombre d'un motif pour retirer l'armée d'observation (1)? Pense-t-on qu'il ignore que le dessein de transiger n'a été abandonné qu'au dernier moment, que l'on négociait dans l'ombre à Madrid, à Séville et jusque devant Cadix (2)? que, lorsqu'une faction impie, le dépouillant de l'apparence de royauté qu'il avait conservée, le mettait en tutelle, un journal français, écrit sous la dictée du ministre français, discutait tranquille-

---

(1) Consultez la correspondance officielle et ses documens. Le recueil en a été imprimé.

(2) Voyez la note à la fin.

ment cette mesure, offrait comme point de comparaison ce qui s'était fait en Angleterre à l'occasion du roi Georges, et demandait avec un odieux sang-froid si des médecins avaient été appelés pour constater l'état mental d'un roi malheureux, qui, dans cette circonstance, montra certainement beaucoup de fermeté en persistant dans un refus qui n'était pas sans danger. (1)

Devant de tels faits, faut-il s'étonner que notre cabinet, conservant pour chef M. de Vil-lèle, n'exerce aucune influence dans les conseils d'Espagne ?

Cependant, les inconvéniens attachés à cet état de choses sont des plus graves, et se feront vivement sentir ; une alliance intime avec la péninsule est nécessaire à la France ; elle l'a été dans tous les tems, aujourd'hui plus que jamais ; laissons dire aux libéraux *que la France se suffit à elle-même; qu'elle n'a besoin de personne* ; on sait apprécier à sa juste valeur ce patriotisme, si bien qualifié autrefois par un ministre, homme d'esprit. Il n'est pas d'état si puissant qu'il n'éprouve le besoin de se donner au dehors un point d'appui ; la Russie, au

---

(1) *Voyez le Journal des Débats*, 26, 27 et 28 juin 1825.

faîte de la grandeur, ne néglige assurément pas ce soin ; elle s'est assurée de la Prusse et des Pays-Bas, elle peut disposer de la Suède ; l'Angleterre, séparée de l'Europe par la mer, cherche constamment à se mettre en communauté d'intérêts avec quelques-unes des premières puissances du continent ; la France seule est isolée (le congrès de Vienne eut pour but principal de la placer dans cette position, il ne l'a atteint que trop bien) ; mais la péninsule restait ouverte à sa politique ; le cabinet anglais le sait, et ses efforts continuels tendent à empêcher qu'elle ne s'y établisse solidement. C'est uniquement par ce motif qu'il favorisa, autant qu'il fut en lui, la révolution espagnole, qui, sous tout autre rapport, lui paraissait mériter d'être repoussée. Ce cabinet, habile mais ombrageux à l'excès, a dû se rassurer lorsqu'il a vu que la direction de la guerre restait à M. de Villèle, il a compris sur-le-champ que la position de ce ministre, relativement à Ferdinand et au parti royaliste, étant essentiellement fausse, la France, dans l'hypothèse même du plus heureux succès, ne pourrait retirer de l'invasion aucun avantage notable, et que la guerre entreprise sous de pareils auspices une fois terminée, les deux états se trouveraient sous le point de vue de leurs relations réciproques à peu près sur le même pied qu'auparavant.

C'est précisément ce qui est arrivé; nous avons jeté en Espagne cent mille hommes et plus de deux cents millions ; quels fruits retirons-nous de tels sacrifices? la défaite de la révolution, le triomphe de la légitimité? c'est très-bien (ce ne sont pas les amis de M. de Villèle, sans doute, qui nous font cette réponse) ; les résultats moraux ont certainement leur prix, et ce n'est pas à nous qu'il faut l'apprendre ; mais il est trop évident que nous devions en obtenir d'une autre espèce. Disons-le donc avec une juste confiance : c'est dans des vues éminemment politiques que nous voulions et qu'il fallait vouloir la guerre d'Espagne. Ce n'était pas par la crainte de perdre son portefeuille qu'un ministre français devait s'y déterminer ; il fallait se pénétrer d'une grande pensée; lorsque la France marchait au secours d'un petit-fils de Louis XIV, il fallait interroger son ombre. Les Pyrénées se sont-elles abaissées devant la politique de M. de Villèle? voilà la question que nous adressons aux royalistes qui seraient tentés d'embrasser sa défense.

Nous ne voulons pas examiner de plus près la situation où se trouve aujourd'hui l'Espagne; ce n'est pas que nous craignions d'avoir à y montrer la dignité nationale gravement compromise. A Dieu ne plaise que nous admettions jamais que la dignité du roi de France soit à la merci d'un de ses ministres ; mais un tel examen serait sans utilité, et l'on se tromperait fort si l'on pensait qu'en écrivant nous éprouvons le désir d'accumuler sur un ministre des reproches trop mérités. Nous ne pouvons rien en ce moment pour l'Espagne (les tentatives les plus récentes en font foi), attendons donc le moment propice, il viendra ; la Providence, qui ne veut pas que les peuples périssent, leur réserve, dans sa sagesse, le secours nécessaire à leur conservation. Détournons nos regards d'une contrée en proie aux malheurs qui suivent les révolutions, la guerre et les fautes des conseillers des rois; jetons un voile de deuil sur la triste Espagne, et souhaitons qu'il se présente bientôt des hommes capables de le soulever.

Par des motifs, heureusement bien différens, nous pouvons nous dispenser d'énumérer les avantages que nous retirons immédiatement de la guerre faite à la révolution. C'est une justice que nous aimons à rendre aux *politiques*, ils ont épuisé la question ; ils ont reproduit avec une exactitude si scrupuleuse notre pensée, nos opinions ; ils ont répété avec une docilité si grande nos propres expressions; ils ont si bien dit, devant Cadix, ce que nous autres, pauvres fanatiques, avions dit en deçà de la Bidassoa, que nous sommes obligés d'avouer qu'il ne reste plus rien à dire après eux. Nous n'avons plus qu'un devoir à remplir, celui de les louer dignement sur leur perspicacité, l'étendue de leur vue, la noblesse de leurs sentimens, leur aptitude à servir la royauté.

Et cependant, qu'ils nous permettent, ces hommes généreux, de ne point chercher à retenir ce cri qui part de notre cœur tout français.... La monarchie triomphe ! La seule force qui lui manquât, celle dont le besoin se faisait plus vivement sentir, lui a été donnée ; elle la doit à un capitaine pris dans la maison royale, sur les degrés du trône. Cette gloire militaire dont nous n'avions pas cessé d'être jaloux, ce prestige qui s'attache au bruit des armes victorieuses, l'aspect de nos drapeaux, auxquels on reprochait naguère d'être trop entiers, aujourd'hui noblement déchirés! que de motifs pour nous montrer, plus que jamais, fiers de ce beau nom de royalistes que nous avons porté dans des tems moins heureux ; jouissons de ces biens, jouissons du bonheur de pouvoir dire aux amis, comme aux ennemis : *l'armee française n'a pas de plus brave soldat que notre duc d'Angoulême.*

Ah! s'il pouvait nous être permis de montrer combien cette gloire du prince est pure, combien elle est vraie, ne nous suffirait-il pas de rappeler avec quelle avidité les partis, les passions, que disons-nous! les intérêts personnels ont cherché (et cherchent encore) à s'en emparer, non pas par amour de cette gloire, non pas pour couvrir de ses rayons la France, à qui elle appartient tout entière, mais pour s'en protéger, s'y réfugier au besoin, la faire servir à voiler des fautes, ou à cacher des désirs que l'on n'oserait avouer.

Nous avons dit sur la politique d'un ministre, relativement aux affaires d'Espagne, *une partie de ce que nous savons être vrai;* qu'on nous permette une dernière réflexion : c'est un singulier spectacle que celui de M. de Villèle cherchant sa sûreté personnelle dans la gloire que s'est acquise le prince en poussant si vivement une guerre dont lui, M. de Villèle, avait si vivement repoussé l'idée.

Cette garantie, toutefois, ne lui a pas paru suffisante, il en a désiré une d'une nature tout-à-fait différente ; nous allons parler de la dissolution.

Pour comprendre la dissolution, il est absolument nécessaire de se reporter vers la dernière session , et d'être bien fixé sur la position respective de la Chambre et du ministère à cette époque.

Tout l'artifice des amis de M. de Villèle est ici , dans ce peu de mots: « La dissolution de la Chambre ne vient pas d'un intérêt qui nous soit personnel, elle ne nous était pas nécessaire, *nous avions la majorité.* » Cela est-il bien vrai ? Voyons.

Nous arrivons sur-le-champ à un fait positif ; M. de Villèle, dans le cours de la session dernière, a été vivement attaqué ; il n'a pas été défendu (il ne s'est pas défendu lui-même). Deux honorables députés ont mis au grand jour la politique du ministre dirigeant ; dans l'examen sévère qu'ils en ont fait, ils ont trouvé matière aux imputations les plus graves , aux reproches les plus pénétrans ; *pas une voix royaliste ne s'est élevée pour les désavouer ;* ils étaient donc les organes de cette opinion.

On se souvient de l'effet prodigieux que produisirent les discours de ces députés ; MM. de La Bourdonnaye et de Lalot prenaient leurs armes dans la conscience même des royalistes : que leur répondre? Leur force n'était pas seulement dans leur éloquence entraînante, elle venait des principes qu'ils proclamaient; ils la tiraient des entrailles même du parti auquel ils appartiennent, et qu'ils représentaient dans ce moment avec une autorité qu'il était impossible de méconnaître. Comment leur résister?

Dans le cours de la session entière, on ne saurait citer un seul discours qui eût pour objet de justifier la conduite de M. le président du conseil : cependant M. de Villèle avait des amis dans la Chambre ; ce n'était pas le talent qui manquait à plusieurs d'entre eux, ils connaissaient bien la tribune, ils l'avaient souvent abordée avec succès : que leur manquait-il donc? une conviction. Obligés de laisser sans défense le ministre qu'ils affectionnaient, ou de paraître abandonner une cause qu'ils affectionnent bien plus encore, ils eurent recours dans cette dure alternative à un moyen terme, et, gardant le silence, crurent faire assez pour l'ami; faisaient-ils assez pour la cause?

c'est ce que nous n'avons garde de chercher à examiner.

M. de Villèle n'a donc trouvé dans cette majorité qui, dit-il, lui était acquise, qu'une adhésion muette, un appui négatif : elle ne l'a pas repoussé, voilà tout ce qu'elle a fait pour lui.

Si dans cette circonstance M. de Villèle montra peu de fermeté, il ne manqua pas en revanche d'une certaine adresse, il jugea sa position; il plia devant l'orage, résolu à le laisser passer, sans paraître y faire attention ; il comprit que son existence ministérielle dépendait de sa docilité à suivre l'impulsion donnée relativement à la guerre; en ce moment, il hâta autant qu'il fut en lui la marche de nos troupes, devint tout à coup guerrier pour demeurer ministre, et lorsqu'il put apporter à la Chambre le premier bulletin de l'armée, il crut avoir ville gagnée; cette fois il ne se trompait pas, et comme nous n'avons pas plus dessein de flatter les hommes qui arrivent que ceux qui s'en vont, nous noterons la faute que firent alors les chefs du parti royaliste.

Au commencement de la session, leur opposition était parfaitement motivée, la guerre allait avoir lieu ; il était évident que , dans l'intérêt de l'Espagne et de la France, l'on devait craindre beaucoup que la direction n'en restât à M. de Villèle : par ces motifs, on ne pouvait faire assez d'efforts pour l'amener à se retirer ; mais , la Bidassoa passée , la question était tranchée ; il fallait se soumettre à toutes les conséquences qui pouvaient en résulter, et ne point continuer une opposition qui, n'ayant plus de but, devenait un tort aux yeux d'un assez grand nombre de royalistes, parce qu'ils n'avaient pas demandé autre chose à M. de Villèle que d'oser attaquer la révolution. Règle générale , l'opposition la plus légitime perd de sa force en l'employant inutilement.

Quoi qu'il en soit, on ne saurait reconnaître dans la dernière Chambre l'existence d'une majorité véritable ; qu'est-ce donc qu'une majorité qui ne peut ou ne veut rien faire pour son chef, le laisse en butte à tous les traits dirigés contre lui , et n'a à lui offrir qu'un vote silencieux ? On l'a dit avec infiniment de raison : il n'y a de majorité solide pour un ministère que celle qui s'appuie sur des principes avoués également par les ministres et le parti politique d'où ils sont sortis ; toute autre

est factice, accidentelle et purement numé-
rique ; une semblable majorité n'a pas manqué aux divers ministères qui se sont succédés,
et ne les a pas empêchés de tomber. Le ministère actuel n'avait pas autre chose qu'une majorité de cette nature.

Il ne faut donc pas parler du sacrifice qu'a
fait M. de Villèle, en cassant une Chambre *qui
lui était dévouée;* le sacrifice n'a rien de méri-
toire, il était imposé, il devait résulter des dispositions qu'avaient manifestées la plupart des
députés royalistes et qui étaient loin d'être
favorables à M. le président du conseil. Il y
aurait beaucoup d'ingénuité à s'étonner de la
dissolution de la Chambre, elle était claire-
ment indiquée ; la session n'était pas terminée,
que les hommes tant soit peu pénétrans étaient
déjà persuadés que la Chambre et le ministère
ne se trouveraient plus en présence, et repre-
nant ici l'argument dont se font forts les amis
de M. de Villèle, nous répondons : Non, votre
chef n'avait pas la majorité, et il le savait bien,
lorsqu'il demandait la dissolution.

Cependant la position était délicate ; comment avouer que l'on désirait se débarrasser
d'une Chambre éminemment monarchique,

qui avait déclaré qu'il fallait combattre la révolution partout où elle se présentait, voté
par acclamation les subsides nécessaires et
expulsé de son sein l'apologiste du régicide?
mais lorsque l'on réfléchit bien, et que l'on est
habile, on trouve toujours le moyen de se tirer d'un pas difficile ; c'est ainsi que l'on ar-
riva à la septennalité.

Nous n'avons pas dessein d'aborder cette
question, non que nous la croyions épuisée,
nous pensons au contraire qu'elle a été à peine
effleurée ; mais nous n'aimons pas paraître
disposés à prendre le change ; nous sommes
convaincus que la proposition de septennalité
n'a été qu'un prétexte , un mot mis en avant
pour rassurer des consciences timorées , *partout où il s'en trouvait*, et déguiser aux yeux
des royalistes le motif réel qui portait M. de
Villèle à demander la dissolution.

Si l'on n'avait eu en vue que la septennalité,
si l'on avait cru avoir une majorité disposée
à la voter, on l'aurait proposée à la dernière
Chambre, rien ne s'y opposait ; comme la
Charte défend aux députés de se munir d'un
mandat spécial , si ceux déjà nommés n'avaient
pas le droit de violer la Charte, ceux qui vont

l'être ne l'auront pas davantage ; on a prétendu que les anciens députés auraient dans la question un intérêt personnel, ce raisonnement est absurde ; s'il faut absolument admettre que des députés veuillent se déterminer par de telles considérations, n'est-il pas évident que les députés qui vont arriver pourront avoir le même intérêt, puisque la proposition, si elle était adoptée, leur assurerait sept années d'existence, perspective qui n'est que trop propre à séduire ceux d'entre eux qui, ne devant leur nomination qu'à l'influence ministérielle, ne seront pas tentés de courir les chances d'une réélection.

Voulait-on sincèrement mettre la Chambre à l'abri d'un soupçon offensant? il y avait un moyen bien simple, c'était d'annoncer d'une manière officielle, ou même seulement indirecte, que, la loi votée, la Chambre serait dissoute ; la France aurait su positivement alors qu'elle allait nommer des députés pour sept ans ; elle aurait agi en pleine connaissance de cause. Quoi! dira-t-on, dissoudre une Chambre où s'est manifestée une majorité décidée, ce serait une folie ; oui sans doute, ce serait une folie, nous le savons, les ministres le savent aussi, et, s'ils avaient eu cette majorité, ils n'auraient songé ni à la dissolution, ni à la septennalité : voilà toute la question.

Un mot encore, nous ne croyons pas à la septennalité; nous n'y croyons pas parce que nous croyons à une Chambre indépendante, royaliste, française ; cet espoir même encore aujourd'hui nous paraît fondé ; dans l'hypothèse contraire....... ; eh bien ! dans l'hypothèse contraire, nous ne croyons pas encore à la septennalité. On demande quelquefois si l'opinion du dehors exerce son action sur la Chambre, ou la Chambre sur celle du dehors ; nous pensons que ces deux actions sont réciproques ; mais si l'on nous demandait laquelle des deux est la plus forte, laquelle est décisive, nous n'hésiterions pas à répondre que c'est, sans comparaison, celle qui vient du dehors : or, cette opinion n'est point douteuse en ce qui touche à la septennalité ; les hommes qui réfléchissent ont senti les dangers de cette mesure ; les masses n'y ont vu que l'égoïsme de ceux qui la proposaient, la septennalité est discréditée ; nous sommes persuadés qu'un ministère royaliste, quelque habileté, quelque force qu'on lui suppose, en état de prouver qu'il ne la demande pas pour lui, qu'il n'en a pas besoin, ne parviendrait pas à la faire adop-

ter (1) ; que dirions-nous donc de la septennalité proposée par M. de Villèle ?

Enfin, sera-t-elle proposée ? Voici notre
pensée : admettre d'avance le fait de la proposition serait la critique la plus amère que l'on
pût faire de la Chambre qui va se former ;
si elle se montre sous un aspect tel qu'il faille
que des ministres la respectent, la septennalité
ne sera pas proposée par eux : ils disent qu'elle
est nécessaire au salut de la monarchie, et cette
assertion nous paraît singulière, à nous qui
pensons que, s'il entre dans la Chambre des
hommes monarchiques en assez bon nombre,
il ne sera pas question de septennalité.

La dissolution a été jugée par les royalistes
avec une unanimité remarquable, les affections
personnelles ont été mises de côté ; nous sommes tombés tous d'accord sur ce point : *l'intérêt de la couronne ne réclamait pas la dissolution, elle a été demandée dans un intérêt
autre que celui-là, dans un intérêt purement
ministériel :* les preuves abondent.

M. de Villèle n'avait pas (nous l'avons dé-

---

(1) A cause de l'impression reçue, mais sans préjudice des
raisons solides qui devraient la faire repousser.

montré), dans la dernière Chambre, une ma
jorité sur laquelle il pût compter, un parti
royaliste puissant de principes et de talens la
dominait visiblement ; le ministre dirigeant a
cru pouvoir arriver à l'élimination de ce parti,
il a cru pouvoir recomposer sa majorité dans
des proportions différentes ; enfin en reporter
la masse du côté droit au centre de l'assemblée (1).

Ses amis comprennent, en ce moment surtout, combien il leur importe de repousser
cette imputation ; ils produisent la liste des
présidens, c'est ce que nous aurions fait nous-
mêmes. Cette liste ne répond pas à la pensée
première du ministre, elle offre de palpables

-----

(1) Nous avons sous les yeux un écrit intitulé : *De M. de
Villèle*, et consacré à son apologie. M. de Villèle n'a pas
désavoué cet écrit, dès lors il lui appartient : il a été publié à
la fin de 1822 (*à l'époque où l'on cherchait une majorité paci-
fique*). En le parcourant, on croirait qu'il a été fait hier, mais
par un ami perfide ou bien maladroit, et tout exprès pour
apprendre à ceux qui l'ignoreraient encore ce que désirait
M. de Villèle au moment où il méditait la dissolution de la
Chambre. Cet écrit, nous le répétons, a tout le mérite de la
circonstance ; il est propre à jeter le plus grand jour sur la
politique de M. le président du conseil. Nous engageons nos
lecteurs à se le procurer.

contradictions, elle porte les traces évidentes d'une violence faite à la politique de M. de Villèle ; il est impossible de n'y pas reconnaître l'intervention de cette force de fanatisme invisible et toujours présente qui, après avoir contraint un ministre royaliste à combattre la révolution en Espagne, le contraint aujourd'hui à accepter des candidats royalistes, pris (en grand nombre du moins) parmi ses adversaires.

Il se présente d'ailleurs une observation décisive ; M. de Villèle avait à prendre des candidats dans deux parties très-distinctes de la majorité dernière, le côté droit et le centre ; vingt députés du côté droit ne sont pas sur la liste ; que l'on nous indique un seul député du *tiers parti* que M. de Villèle en ait écarté, qu'on nous fasse connaître une seule médiocrité qu'il n'ait pas accueillie ; maintenant, que désirait M. de Villèle en cassant la Chambre ? En vérité, en présence d'une presse toujours libre, d'une tribune qui l'est une partie de l'année, vouloir tromper le public, c'est une tentative plus ridicule encore qu'elle n'est odieuse.

Nous parlerons des exclusions royalistes,

peu et sans colère : on n'a pas senti la portée du coup ; on n'a vu là qu'une injustice, c'est la moindre chose.

Des députés royalistes sont exclus par un ministre royaliste : pourquoi sont-ils exclus? Parce qu'ils ne sont pas ses amis ; cela est impossible. Qu'un ministre ne reçoive dans son salon que les personnes qui lui sont agréables ; cela se conçoit, il est chez lui ; mais on n'a pas, probablement, l'envie de transformer la Chambre des députés en un vaste salon ministériel ; il y a nécessairement une autre raison ; nous l'avons trouvée : MM. de La B. et de L. ont des principes, des opinions, un système qui leur appartiennent ; M. de Villèle a aussi des opinions, des principes, un système ; il les juge préférables ; ses anciens collègues entendent mal les intérêts de la monarchie ; lui les entend bien ; il ne devait pas chercher à introduire dans la Chambre des députés inhabiles à servir la cause royale, *des députés dont ne voudront point les électeurs attachés à cette cause* ; voilà pourquoi il les a exclus, voilà ce qu'il pensait....., il fallait oser le dire! Et ne voit-on pas que M. de Villèle, frappant d'exclusion des royalistes, sans pouvoir, ou sans oser dire pourquoi il les frappe, blesse profondément la conscience de tout ce qu'il y a de royalistes en France, et se porte à lui-même un coup mortel.

Au surplus, MM. de La B. et de L. auraient grand tort de se plaindre ; ils sont traités par leur collègue à la Chambre comme l'ont été deux hommes illustres par leur collègue au ministère ; leurs fautes sont de même nature. M. de Montmorency a rendu possible, à Vérone, la guerre d'Espagne ; agissant avec une intelligence parfaite de nos intérêts divers, il s'est assuré de l'adhésion des puissances, il a tenu en échec le cabinet anglais, qui, sans cette adhésion fortement exprimée, interposait sa médiation armée. Le maréchal de Bellune a marché sur les traces d'un de ses plus dignes prédécesseurs (le duc de Feltre, à la mémoire de qui on n'a pas encore élevé un marbre !) ; il a achevé la création d'une armée royaliste nécessaire à l'invasion de la péninsule ; il a répondu de cette armée, il l'a jugée d'après lui, et elle a mérité cet honneur. MM. de La B. et de L., par l'ascendant de leur caractère et de leurs talens, ont entraîné leur parti ; malgré les efforts contraires (même avant l'ouverture des Chambres), ils ont mis le président du conseil dans l'impossibilité de reculer devant la guerre ; ministres et députés sont exclus ; il n'y a rien à dire ; M. de Villèle est conséquent à lui-même.

Il faut qu'il continue à marcher dans la voie où il est entré, elle n'est pas nouvelle ; ce n'est pas lui qui l'a tracée, c'est celle qu'ont successivement parcourue ceux qui l'ont précédé au pouvoir ; c'est l'abandon des principes et des opinions, l'appel fait aux intérêts privés, le triomphe de toutes les nullités, le mépris, ou plutôt la crainte de toutes les supériorités.

Pour soutenir le ministre dans sa route, les amis ne lui manqueront pas ; il s'en présente déjà, et de très-honorables ; avec des institutions de publicité on ne peut tromper personne, et personne ne se trompe ; les partis, les demi-partis, les nuances de partis, tout voit clair ; l'organe des gens du milieu, le journal voué à l'opinion de ceux qui n'ont pas d'opinion, le *Journal de Paris* (1), voit venir le moment

____

(1) Pour se faire une idée juste de la position respective des partis en France, il suffit de considérer leurs journaux lorsqu'ils luttent ensemble. Suivez *le Constitutionnel* et le *Jour-*

propice ; il se présente comme auxiliaire, gourmande les libéraux qui, à défaut de leurs propres candidats, préfèrent des royalistes à des ministériels, et recrute des voix pour M. de Villèle ; il pousse au centre.

Ah! si quelqu'un avait dit au député royaliste, aujourd'hui ministre , le jour où il le devenait : « Bientôt vous vous trouverez en communauté d'intérêts avec le *Journal de Paris* , que vous l'ayez ou non demandé ; il vous offrira son appui , il vous fera l'injure de vous protéger, » n'est-il pas vrai qu'il aurait écouté cette insolente prédiction avec le sentiment de l'indignation la plus vive ?

M. de Villèle acquérant des droits à la confiance du *Journal de Paris*, n'en pouvait plus avoir à celle des feuilles royalistes ; il a senti cet inconvénient , il en a triomphé , mais comment! Quelques personnes penseront peut-être que nous jugeons cet homme d'état trop

---

nal de Paris occupés à vider un différend ; voyez avec quelle hauteur, quel dédain mêlé de dureté parle le premier, et avec quelle humilité, quel sentiment de crainte mal déguisé, quel mépris de soi-même lui répond son triste adversaire! C'est *un parti* en présence *d'un tiers parti*. Jugez-les tous les deux ; jugez le ministre qui vise *au tiers parti*.

sévèrement ; nous répondrons qu'il s'est jugé lui-même plus sévèrement que ne le pourra jamais faire un écrivain ; il s'est effrayé de la presse royaliste ; il ne pouvait la briser, malheureusement il a pu l'asservir.

Qui voudrait essayer de le nier ? L'opinion monarchique n'a plus qu'un organe indépendant ; une seule feuille s'est respectée, s'est maintenue libre ; on ne saurait lui en témoigner trop de gratitude (1).

Lorsque la censure pesait sur tous les journaux, leur condition au moins était égale, elle ne l'est plus ; ceux des libéraux, sans entraves, conservent leur allure, marchent à leur but, servent leur parti ; les nôtres, voués à la défense exclusive de quelques intérêts individuels, ne servent à rien, pas même à ceux qui les paient ; ils ne représentent rien, n'expriment rien ; ils sont purement ministériels, ils font pitié ; les fleurs de lis les décorent toujours pour cacher, sans doute, le sceau de servitude qui leur a été imprimé : leur titre est resté comme un leurre, pour abuser, s'il se peut, de trop faciles lecteurs : dans cet espoir, ils prodiguent à leurs adversaires de

---

(1) On voit que nous voulons parler de *la Quotidienne.*

grossières injures, et font du *royalisme* qui ressemble trop au *patriotisme* défini par Turgot ; hommage indigne d'une cause qui ne veut et ne peut être bien servie que par la défense des principes sur lesquels elle repose.

Il appartenait au journal plus spécialement attaché à M. de Villèle de dépasser ses collègues dans la carrière ouverte à tous ; *la politique des Débats* restera fameuse, elle a acquis une célébrité européenne. Quel spectacle nous a offert cette feuille, naguère si estimée, si digne de l'être (1), se traînant tour à tour aux pieds des partis opposés, demandant grâce à l'un de ce que l'autre n'avait pas voulu accepter, désavouant son texte, offrant avec maladresse aux royalistes une concession qu'ils ne lui avaient pas demandée, trop habiles pour la recevoir d'un organe discrédité, trop éclairés pour adopter, sans l'avoir discuté eux-mê-

----

(1) On comprend que nous n'entendons parler ici que du *Journal politique ;* sous tout autre rapport, les débats conservent leur rang, ce qui n'a pas empêché un grand nombre de royalistes d'abandonner cette feuille lorsqu'il est devenu trop visible qu'elle abandonnait les intérêts généraux pour s'adonner à quelques intérêts privés. Nous sommes du nombre de ces royalistes.

mes, un principe vrai, mais qui demandait à n'être présenté qu'avec une sage circonspection, une juste mesure, de convenables restrictions, une connaissance parfaite des difficultés que pouvaient présenter les mœurs nouvelles, les habitudes, *les préjugés même*, puissances que les hommes *vraiment politiques* savent respecter, pour en triompher ensuite par l'ascendant de la raison et du talent réunis.

Pour nous, nous ne saurions voir dans l'asservissement des feuilles royalistes par un ministre qu'un cri de détresse, un aveu formel de son impuissance à se soutenir devant l'opinion, et, pour nous servir d'une expression qui paraît aujourd'hui s'appliquer à tout le monde, nous ne saurions y voir que *la plus irrévocable des abdications*.

Un exemple si frappant ne sera pas perdu pour les ministres à venir (s'ils pouvaient en avoir besoin). Indépendamment de ce qu'il y a de peu honorable dans une telle conduite, ils en sentiront le danger; du moment où une feuille est réputée appartenir à des ministres, ils deviennent responsables de tout ce qui s'y trouve, lors même qu'ils ne l'y ont pas fait mettre; obligés de descendre continuellement dans l'arène, ils ont à se défendre des bévues d'un journaliste et des inepties d'un publiciste ignorant. Si le ministère est fort, s'il marche avec son parti, il n'a pas besoin d'en tenir les journaux à sa solde; ceux-ci défendant la cause qu'ils ont embrassée avec l'indépendance qui leur est nécessaire, défendent en même tems, et avec honneur, les hommes d'état fidèles à la cause; ils sont utiles aux ministres, sans être flétris du nom de ministériels; si le ministère est faible, l'asservissement des journaux nuit à la cause, mais ne sert en rien les ministres, parce que, dans ce cas, les journaux portent jusqu'à l'excès ce caractère de faiblesse qu'ils tiennent de leurs patrons.

Il peut même arriver que le journal acquis à un ministre lui fasse plus de mal que tous ceux qui, par leur position, sont appelés à l'attaquer; il ne serait pas impossible de trouver à qui appliquer cette réflexion; qu'on réfléchisse à ceci, M. de Villèle a fait beaucoup et de grandes fautes; eh bien! le *Journal des Débats* a plus nui peut-être à M. de Villèle que ses propres fautes.

Quoi qu'il en soit, reconnaissons ces vérités; acheter un journal libéral est un acte de faiblesse que l'on pourrait qualifier plus sévèrement; acheter des journaux royalistes, c'est une perfidie, c'est un acte coupable de déloyauté.

Il y a plus, c'est une véritable usurpation d'un pouvoir dont les ministres ne sont que les agens.

« *Le gouvernement a glissé dans le minis-tère,* » a dit récemment un honorable écrivain; (1) l'expression est douce : il y est tombé, il y est englouti. Un ministre dirigeant s'empare des journaux destinés à la défense de la monarchie ; dès lors il s'interpose entre le monarque et ses sujets fidèles, il empêche l'expression de leurs plaintes, celle de leurs vœux d'arriver jusqu'à lui ; le prince ignore quels sont les besoins de ses peuples ; les peuples n'ont plus d'autres besoins que ceux du ministre ; muni d'une arme puissante mais qui ne lui appartenait pas, il la fait servir à son usage particulier ; un ministre justement cher aux royalistes lui déplaît , il demande son éloignement, l'intérêt de l'état l'exige. Un journal témoigne de légitimes regrets, honore une noble disgrâce, il est l'interprète de tous les gens de bien ; on achète le journal, et tout est

______

(1) M. Ducancel, dans un écrit fort remarquable sur la septennalité.

fini. (1) En possession des journaux de la couronne, le ministre dirigeant dit que la dissolution de la Chambre importe au salut de la couronne, et il se trouve un seul journal resté fidèle à la couronne pour répondre que la dissolution lui est inutile et par conséquent dangereuse. La dissolution est prononcée, le ministre exclut de la candidature des royalistes éprouvés; ils l'ont bien mérité, ils sont les ennemis personnels du ministre; et comment en douter! c'est le journal du ministre qui le dit.

N'est-il pas vrai que M. de Villèle, en se rendant maître des feuilles royalistes, s'est fait le centre de tous les intérêts, a substitué son action personnelle à l'action salutaire et légale d'une presse royaliste indépendante, et ne croit-on pas voir M. de Villèle, parodiant le mot du grand roi, s'écrier : *Le gouvernement!...... c'est moi!*

---

(1) Non, tout n'est pas fini; il se trouve un autre journal pour dire que la disgrâce du noble maréchal cause parmi les royalistes *un petit mouvement de chaleur qui sera bientôt apaisé;* pensée inconcevable où l'on ne peut s'empêcher de trouver quelque chose de *déshonnête* qui étonne et qui afflige, quand on sait surtout quels hommes rendent ce journal dépositaire de leur pensée.

Frappés de cet ensemble de faits, les royalistes cherchent à s'en rendre compte ; il est
facile d'apercevoir qu'ils sont encore à ce sujet dans une grande irrésolution ; elle a donné
lieu à des opinions singulières, à des questions
bien embarrassantes pour un ministre sorti de
leurs rangs ; malgré le mot de septennalité,
spécieux prétexte, un importun souvenir, un
perfide rapprochement se sont offerts ; on
s'est demandé, l'on se demande encore si
M. de Villèle a voulu faire un 5 septembre.

Dans le nombre de nos lecteurs, il s'en trouvera (mais très-peu) qui penseront que nous
allons quelquefois plus loin que ne va la pensée du parti royaliste ; ils n'auront raison sur
aucun point, et se tromperont beaucoup sur
celui qui touche à la dissolution. L'idée d'un
5 septembre a pénétré la masse des royalistes ;
beaucoup le disent hautement, parce qu'ils le
croient sans doute : comme nous ne le croyons
pas, nous disons le contraire, au risque de
nous trouver en arrière de notre parti.

Nous avons trop raison pour n'être pas jus-
tes, lors même que notre caractère et le devoir ne nous y porteraient pas. M. de Villèle
cessant d'être royaliste *de principes*, le sera

toujours *de sentiment*; il n'a pas voulu faire un 5 septembre.

Pour arriver là, il faudrait dépasser les limites du centre, c'est ce que n'a pas fait le ministre. Peu de personnes ont une idée nette de notre Chambre des députés, pourtant rien n'est plus simple. Deux partis l'occupent tout entière (dans des proportions fort inégales et qui doivent l'être), royalistes et libéraux; au milieu est un terrain neutre, un espace moralement vide, un centre de nullité (1). Les hommes qui y prennent place, peuvent être fort recommandables comme individus, et nous les tenons pour tels; mais sous le point de vue politique, ils ne sont rien.

On sourit de pitié lorsque l'on voit des doctrinaires royalistes marcher sur les traces de ces pauvres doctrinaires de la révolution, dont la malice publique a fait si bonne justice, essayer de ressusciter ces niaises théories *d'une opinion intermédiaire, d'un parti mixte;* personne n'y

_____

(1) Et non pas un centre de modération, comme on voudrait essayer de le persuader. Il n'y a point de modération là où il n'y a pas de force; sans principes et sans opinions prononcées, où le centre prendrait-il sa force? dans des intérêts privés, quelle misère!

croit aujourd'hui, et moins que personne ceux qui les mettent en avant ; ce n'est plus qu'un jeu où l'on cherche à faire des dupes après l'avoir été soi-même (1).

Il n'y a donc au milieu que des intérêts personnels. Veut-on aborder les opinions? il faut sortir du milieu par la droite ou par la gauche. C'est là la difficulté qui s'est présentée à M. de Villèle; il a senti que l'opinion de la droite lui manquait, incapable, quoiqu'ait osé dire son imprudent apologiste, de chercher un appui dans l'opinion opposée ; ses regards se sont tournés vers le centre ; espérant y trouver un asile, il a désiré (nous l'avons déjà dit) porter sur ce point sa majorité, intention assez inoffensive, car cette partie de la chambre a si peu de profondeur, que l'on peut y tomber sans danger. Mais il n'a pas pris ce parti par choix ; qu'on le croie bien, un ministre ne se place pas volontairement dans une semblable situation ; il y est jeté par ses antécédens, c'est une nécessité, une nécessité dure qu'il subit.

Il résulte de ces considérations qu'il ne faut voir dans la dissolution de la Chambre par M. de Villèle, même en se reportant à la pen-

____

(1) Voyez l'écrit intitulé : *De M. de Villèle.*

sée première dans laquelle il l'avait d'abord conçue, qu'une tentative timide pour se tirer d'une position désespérée ; telle est en effet la sienne ; sa politique devait nécessairement l'y conduire, et cette observation nous ramène à notre point de départ : d'où vient la politique de M. de Villèle, où va-t-elle ?

La politique du ministre dirigeant vient de ses fautes ; elle va à des fautes nouvelles.

Elle vient de ses fautes.

Il y a toujours (au moins pour celui qui sait observer), dans la carrière d'un homme d'état, un fait dominant, une circonstance particulière qui doit décider de son existence politique. Un ministre tombe ou est près de tomber, il faut chercher, de quelque loin qu'elle vienne, une faute essentielle qui, un peu plus tôt, un peu plus tard, devait amener sa chute ; voici quelle fut celle de M. de Villèle. *Il profita, pour arriver au pouvoir, d'une division introduite dans le parti royaliste, et il la maintint.* Une explication est nécessaire.

Une dissidence existe en effet parmi nous ; elle date de loin. En réalité, les royalistes ont toujours été partagés en deux nuances d'opinions bien distinctes, bien caractérisées ; sans avoir le dessein de flatter ni de blesser personne, nous les désignons ainsi, opinion forte, opinion faible ; elles se sont constamment développées dans le sens des dénominations que nous avons cru pouvoir leur donner ; M. de Villèle a toujours été à la tête de la dernière.

Les convenances ne nous permettent pas d'établir un parallèle suivi entre ces deux opinions, encore moins nous permettraient-elles de faire contraster des noms propres, c'est un procédé que nous trouvons très-blâmable : nous nous bornerons à quelques réflexions générales.

M. de Villèle ne possède pas le genre de talens nécessaires pour diriger un parti politique dans la Chambre même ; il transporta le sien dans un salon ; là il s'énerva ; et, qu'on nous passe l'expression, il dégénéra en coterie ; cela devait être ; il n'y a de vie pour un parti que lorsqu'il agit dans la sphère qui lui est attribuée, en présence du public, au sein même de l'assemblée délibérante où sa place est marquée ; avec les intentions les plus louables, d'excellens sentimens, le parti ne fit rien ; la justice veut que nous rappelions qu'il fût long-tems en trop petit nombre ; mais comme il ne fit rien encore lorsque le côté droit se trouva en majorité, il est permis de croire qu'un parti dirigé par M. de Villèle ne peut rien faire.

Une nouvelle loi d'élections fut enfin donnée à la France ; elle en profita pour exprimer son véritable vœu ; elle envoya successivement pour la représenter des députés qui, par leur caractère connu, leurs talens, l'énergie de leurs opinions, constituent réellement, sous le point de vue politique, le parti royaliste. L'opinion forte entra dans la Chambre (1), son ascendant sur l'ensemble du côté droit devint à l'instant sensible ; elle marcha sans hésitation vers le but qu'elle se proposait ; il était honorable ; elle entra franchement dans le gouvernement représentatif ; par l'organe d'un de ses chefs les plus distingués (2) elle proclama les principes qui touchent à la liberté de la presse, garantie de toutes les autres libertés ; en n'accordant au ministère qu'une censure temporaire, elle prépara sa chute ; au commencement de la session suivante elle acheva son ouvrage ; M. de Villèle devint ministre.

---

(1) Quelques députés appartenant à cette opinion, entre autres M. de La Bourdonnaye, y étaient déjà, mais pas assez nombreux pour atteindre à des résultats.

(2) M. le comte de Vaublanc.

C'est au moment où il le devint qu'il commit la faute immense que nous avons signalée plus haut, celle qui devait le conduire et l'a conduit en effet au point où nous le voyons arrivé.

La division des royalistes était extrêmement fâcheuse ; elle pouvait avoir les suites les plus graves ; M. de Villèle, par des alliances ministérielles, en faisant asseoir près de lui des députés autant et plus que lui chefs du parti, pouvait la faire cesser et réunir en une seule masse les deux fractions de la majorité ; l'intérêt de la cause royale, par conséquent celui de l'état, la loyauté, les convenances parlementaires, la reconnaissance même, lui commandaient de le faire, il ne le voulut pas (1); il refusa toute participation au pouvoir aux hommes qui l'y avaient porté, et qui pouvaient seuls l'y faire parvenir, après les fautes que lui et son parti avaient commises dans la dernière session. *Il maintint la division existante.*

On ne blesse pas impunément la conscience

______

(1) Mais le pouvait-il? Nous répondons en pleine connaissance de cause qu'il le pouvait, et nous avons la certitude de n'être pas officiellement démentis.

publique ; si l'on voulait avoir de la bonne foi ; on se rappellerait avec quelle défaveur fut accueilli M. de Villèle arrivé aux affaires sous de tels auspices ; un mois se passa sans qu'il pût trouver un seul journal qui voulût, non pas le soutenir, mais seulement parler de lui ; les journaux étaient libres alors !

On ne s'est point mépris sur les motifs qui portèrent M. de Villèle à agir ainsi ; il craignit de se donner des collègues plus forts que lui, et ne vit pas qu'il allait se donner des maîtres.

Le gouvernement représentatif est le règne des supériorités; voilà le principe, on peut bien le fausser dans son application, on ne saurait en éluder les conséquences, elles reposent sur une puissance de vérité qui vient de Dieu, de Dieu, disons-nous, qui n'a créé des supériorités intellectuelles que pour les faire servir à la conduite des sociétés humaines que sa providence a fondées.

M. de Villèle a cru pouvoir diriger seul et les affaires au dehors et la majorité dans la Chambre, il n'a en réalité dirigé ni les affaires ni la majorité ; les hommes qu'il avait repoussés se sont constamment trouvés devant lui, *non pas uniquement pour lui faire obstacle, dans la vue de le renverser; non pas par un sentiment*

d'inimitié à lui personnelle (insinuations per-
fides que l'on ose se permettre en ce moment
dans l'espoir de justifier d'odieuses exclusions); mais, déterminés par une conviction
profonde, hautement autorisés dans la Chambre et hors de la Chambre; ils ont long-tems
gardé le silence, mais lorsqu'ils ont reconnu
qu'il y allait de l'honneur de la royauté, ils
ont compris quelle mission leur était donnée;
ils l'ont remplie dignement; alors leur voix
s'est fait entendre, elle a été imposante comme
leur autorité, ils ont dominé la position, conduit ou, si l'on veut, entraîné la majorité, pris
l'initiative de toutes les propositions impor-
tantes, décidé toutes les questions; eux seuls
ont servi la monarchie.

Cependant une voix inconnue s'élève : « M.
de Villèle a été pour quelque chose sinon pour
beaucoup dans la préservation de la monarchie,
lorsque sa perte paraissait imminente (1); »
on demeure confondu d'étonnement devant
de telles assertions; juste ciel! si cette glo-
rieuse monarchie n'avait eu pour se défendre
que M. de Villèle, où serait-elle aujourd'hui!

Nous avons protesté ailleurs contre cette

-----

(1) Voyez encore l'écrit : *De M. de Villèle.*

opinion, trop souvent émise par des écrivains royalistes, que la monarchie menacée par la révolution avait été en danger de périr ; en parler ainsi ce n'est pas la connaître, ce n'est pas la respecter : elle a été plus forte depuis sa restauration que ne l'ont cru ses ennemis et beaucoup de ses amis ; elle a vécu sur son propre fonds, s'est soutenue par son propre poids, a tiré d'elle-même tout ce qu'il lui fallait pour se conserver ; mal servie par ceux qu'elle avait appelés pour la servir, elle n'a été réellement protégée que par son auguste chef.

Quant aux *services éminens* que lui a rendus M. de Villèle, nous ne les connaissons pas, nous demandons qu'on nous les fasse connaître ; nous ne sommes pas injustes envers cet homme d'état ; il a rempli, nous le savons, dans la Chambre les devoirs d'un bon député, d'un sujet fidèle ; il a servi la cause royale, dans la mesure de ses moyens, avec des talens qui, sans être à dédaigner, ne sont cependant pas transcendans.

Il est peu de royalistes, même parmi ses amis, qui ne soient maintenant disposés à en convenir ; une réputation a été faite à M. de

Villèle, et la plupart poussent la franchise jusqu'à avouer qu'ils ne savent pas comment elle a été faite ; nous le savons bien nous : c'est que tout se fait par entraînement dans le parti royaliste ; un mot d'ordre est donné, il faut le recevoir ou se résoudre à passer pour peu dévoué ; les royalistes sont fort exigeans et un peu exclusifs ; il fut un tems où l'on n'était pas des leurs si l'on se permettait d'élever des doutes sur la supériorité de M. de Villèle. Nous pouvons assurer que l'on jouit actuellement à cet égard d'une grande latitude : veut-on savoir à quel indice on reconnaît aujourd'hui dans un salon royaliste un ami de M. de Villèle ? à son silence ; est-il pressé de s'expliquer ? son embarras est visible, il confesse tous les torts, reconnaît toutes les fautes, il abandonne le ministre ; mais il demande que l'on rende justice à l'homme de bien, et cela ne lui est point refusé ; il parle de la pureté des intentions, de la droiture des sentimens, et personne ne le contredit. Les amis de M. de Villèle enfin ressemblent beaucoup à ce poète de l'antiquité qui, ne sachant par où prendre ses héros olympiques, se rabattait sur l'éloge des Dieux immortels ; mais revenons aux questions que nous avons posées.

La politique de M. le président du conseil va à de nouvelles fautes.

La dissolution prononcée, une sensation vive et générale se manifesta dans la France ; on devait s'y attendre, il n'y avait pas même lieu à être étonné ; les ministres se sont effrayés, ils se sont cru en péril ; par une disposition inconcevable, et dont ils ne paraissent pas pouvoir se défendre, ils ont pris leurs propres périls pour ceux de la monarchie, et c'est, préoccupés de cette idée vraiment malheureuse, qu'ils ont préludé aux élections.

Mais, qu'on le sache bien, il ne s'agit point ici de M. de Villèle, il ne s'agit point des ministres ; les hommes disparaissent devant un intérêt sacré.

Si la monarchie était dans un tel état de débilité qu'il fallût, pour la servir, employer de ces moyens que l'on n'ose avouer au public, et que l'on a bien de la peine à s'avouer à soi-même ; royalistes de conviction, persuadés qu'il faut que la monarchie soit servie avant tout, parce que sa conservation importe à la gloire et à la prospérité du pays, nous gémirions d'une dure nécessité, mais nous nous tairions, et, loin de chercher à le déchirer, nous voudrions rendre plus épais le voile destiné à couvrir ses infirmités.

Grâces au ciel, un si pénible devoir ne nous est pas imposé : nous en avons un autre à remplir, et bien différent.

La cause royale, environnée de gloire, chérie et respectée par une immense majorité, par une majorité qui couvre la France, et ne laisse presque point de place à ses adversaires, n'avait pas besoin, pour triompher, d'être jetée dans des voies qui, dit-on, sortent violemment des limites de la légalité.

Il n'y a qu'un seul moyen d'expliquer, d'une manière digne de cette cause, la conduite du ministre dirigeant, c'est de prouver qu'il a eu le malheur de se créer des intérêts étrangers à la cause, c'est de constater ces intérêts ; et d'établir sa position.

Elle est absolument la même qu'était celle du ministère qu'il a remplacé, au moment où ce ministère est tombé : deux partis opposés se sont réunis momentanément pour le renverser, accord fortuit qui ne tirait pas à conséquence, comme on a pu depuis s'en apercevoir, et dont M. de Villèle aurait grand tort de se plaindre, puisqu'il en a profité pour arriver au pouvoir, ce qu'il n'aurait pas fait certainement si cet accord avait blessé ses principes et sa délicatesse.

Les libéraux voulurent renverser le dernier ministère, parce qu'ils ne l'estimaient pas, et qu'ils étaient persuadés, avec raison, qu'il obéissait à une volonté qui n'était pas la sienne; ils voudront, par un motif tout semblable, renverser le ministère actuel; beaucoup de royalistes le voudront aussi, parce qu'ils pensent que ce ministère (1) n'a rien fait et ne fera jamais rien pour la monarchie.

Ces dispositions n'ont point échappé à M. de Villèle; il a senti quel danger le menaçait; il n'avait qu'un moyen à tenter pour s'y soustraire, c'était de frapper à la fois sur les deux partis, afin de les empêcher d'entrer dans la Chambre en nombre suffisant pour le frapper lui-même; c'est ce qu'il a fait.

Il y a ici un calcul dans lequel les intérêts de la royauté n'entrent pour rien; il importe beaucoup d'être fixé sur ce point : la Chambre se compose de 430 membres ; majorité, 216. Il est reconnu que les libéraux (en supposant

---

(1) Considéré dans son ensemble et sous l'influence de M. de Villèle.

les élections parfaitement régulières) ne peuvent approcher, même de fort loin, de ce nombre; dès lors l'intérêt de la royauté, le seul légitime, est à l'abri du moindre danger, mais il est possible qu'ils parviennent à une minorité qui, parfaitement indifférente à la royauté, serait fatale à M. de Villèle.

Voilà le péril qu'il a fallu éviter, à quelque prix que ce fût; voilà la clé de la politique électorale dans laquelle est entré M. le président du conseil.

Devons-nous en présenter le tableau, et ne devons-nous pas craindre de porter trop loin l'expression des sentimens dont nous sommes pénétrés?

Il y a une voix qui se trompe rarement, qui ne ment jamais, c'est celle de la conscience publique, c'est la voix commune à tous les partis, à toutes les opinions; cette voix s'élève, vainement on voudrait l'étouffer.

Une fois entré dans la route, jusqu'où n'a-t-on pas été! s'est-on refusé quelque chose! On parle de M. Decazes; certes, ce n'est pas nous qui voudrons pallier les fautes de ce ministre; dans un autre tems, nous avons pris assez vivement la plume pour les mettre au jour; mais la justice, que l'on ne doit refuser à personne, pas même aux coupables, nous oblige de le dire : M. Decazes n'a pas humilié les hommes ; voilà la faute (si faute est ici le mot), voilà le tort irrémissible à nos yeux, celui dont nous sommes le plus frappés, le plus sensiblement affligés. Le premier devoir des conducteurs des peuples est de venir au secours des mœurs, de les améliorer, de les épurer, de les créer même là où elles n'existent pas ; est-ce là le but que l'on s'est proposé? L'honneur, en France, a toujours été la loi suprême ; voudrait-on donner à penser que la monarchie limitée, la monarchie selon la charte n'est pas régie par ce grand principe, proclamé par le plus grand des publicistes ; que le gouvernement représentatif le repousse? Ah! s'il en était ainsi, il serait le plus méprisable de tous ; mais qu'on ne le croie pas ; loin qu'il soit dans la nature de ce gouvernement d'avilir les hommes, il les élève nécessairement, parce qu'il leur donne les moyens de faire respecter leurs droits et leur personne.

Il est une classe d'hommes que le gouvernement lui-même doit faire respecter ; elle réclame son intérêt, sa constante sollicitude ; c'est celle des fonctionnaires publics ; placés entre le pouvoir et la société, la déconsidération ne peut les atteindre sans que le pouvoir ne soit lui-même exposé à perdre quelque chose de sa dignité.

On ne peut se le dissimuler, nos fonctionnaires publics sont abaissés devant l'opinion ; ils ont été frappés d'un coup dont ils seront long-tems à se relever : comment pourrait-il en être autrement ? ils sont les fonctionnaires de l'état ; des ministres en ont fait leurs agens ; ils sont les serviteurs du prince, ses ministres les ont pris pour leurs serviteurs ; ils les ont réduits à l'état de domesticité. Par des motifs d'une sage politique, il faudrait, s'il était possible, élever le moindre d'entre eux au rang des magistrats, et l'on a fait descendre des magistrats au dessous du dernier commis. Que des ministres disent à l'homme du gouvernement qu'il ne doit pas donner sa voix à des ennemis du gouvernement, ni seulement à ses adversaires, cela est très-bien, on le conçoit (1) ; mais leur commander une obéissance passive, absolue ; exiger d'eux qu'ils fassent

---

(1) On pourrait faire observer cependant que des ministres royalistes auraient dû ne conserver que des hommes assez sûrs pour qu'il ne fût pas nécessaire de leur donner cet avertissement.

d'eux-mêmes une entière abnégation, qu'ils n'aient à eux ni une opinion, ni un sentiment; leur enjoindre de voter pour le candidat ministériel, quel qu'il soit; de ne point voter pour un candidat royaliste, quel qu'il puisse être, fût-il un des soutiens de la royauté; les envoyer mendier les voix de leurs proches, de leurs amis, de leurs administrés; les rendre responsables de ces voix (1), n'est-ce pas les humilier trop cruellement? Leur prescrire le vote à bulletin ouvert, n'est-ce pas leur dire qu'on les tient pour des fourbes? n'est-ce pas les mépriser? Rendre un président observateur obligé de ce vote, n'est-ce pas, par avance, mettre bien bas celui dont on veut faire un député?

Mais pourquoi la société est-elle troublée dans ce qui touche à la morale des sociétés? Pourquoi les passions les moins nobles excitées, les principes du juste et de l'honnête faussés? Pourquoi six mille Français appelés à servir le Roi et l'état, dans des carrières honorables, sont-ils transformés en machines à élections? Pourquoi? Pour faire pénible-

---

(1) Lisez les circulaires.

ment sortir de l'urne électorale des noms dont personne ne se soucie, qui n'appartiennent à aucun parti, qu'aucune opinion ne réclame, indifférens à tout le monde; pour obtenir des hommes dont le gouvernement n'a que faire, qui ne feront rien pour le gouvernement, mais qui, placés dans le centre d'une Chambre des députés, comme une force d'inertie, rendront aux ministres, qui les y auront appelés, le service de fermer, par leurs cris, des discussions auxquelles ils n'auront pas pris part, et de demander *l'ordre du jour* sur des questions qu'ils n'auront pas comprises (1).

Un dernier mot; il sera loyal. Les ministres ont-ils voulu tout ce qui s'est fait? l'ont-ils désiré, l'ont-ils seulement autorisé? l'approuvent-ils? Non; nous ne le croyons, et nous nous devons à nous-mêmes de le dire; nous blâmons la conduite politique de nos ministres, mais nous respectons leur caractère : ils gémissent, nous en sommes certains, sur les

----

(1) Nous avons entendu demander quelle était la limite du droit et du devoir des ministres relativement aux fonctionnaires en matière d'élections; nous l'indiquerons, et peut-être avec assez de précision : *Des ministres royalistes ne peuvent et ne doivent demander autre chose à des fonctionnaires, que de se montrer électeurs royalistes.*

écarts d'un zèle désordonné et qui n'a pas connu de frein, parce que l'intérêt, la cupidité, l'ardeur de s'élever n'en connaissent jamais. Les ministres ont été servis par des moyens qu'ils auraient repoussés si on les leur avait proposés ; on a dit, on a offert en leur nom ce qu'ils n'ont pas permis de dire et d'offrir, ils ont été dépassés ; ils devaient le prévoir. Il est un fait trop vrai, c'est que lorsque des hommes puissans expriment de tristes besoins, il se trouve toujours des subalternes disposés à les satisfaire par des moyens honteux.

Ces moyens, de quelque part qu'ils viennent, n'amèneront pas les résultats que l'on s'en était proposé ; la question des élections n'est douteuse pour personne. Nous avons exprimé sur la dissolution l'opinion commune à tous les royalistes ; elle était inutile à la couronne, mais elle aura au moins cet avantage, elle dissipera bien des illusions, déjouera bien des calculs ; elle fera connaître la France ; (1) il est assez essentiel que l'homme d'état qui s'est chargé du soin de la diriger acquière enfin cette connaissance ; elle lui a manqué jusqu'à ce jour. M. de Villèle a cherché le tiers-parti

____

(1) Voyez l'avertissement.

en Espagne ; il doit s'être aperçu qu'il n'y était pas ; il a cherché, et nous croyons qu'il cherche en ce moment, quelque chose d'approchant dans la politique extérieure ; nous doutons qu'il l'y trouve (1).

Enfin, en cassant une Chambre royaliste, il l'a cherché en France, il ne l'y trouvera pas non plus, il n'y est pas : chacun a pris sa place, a adopté ses drapeaux. On est las de vivre au jour le jour ; on est fatigué de marcher depuis dix ans, sans savoir où l'on est conduit. Ceux qui craignent, comme ceux

---

(1) Voyez quelle importance niaise attache le *Journal des Débats* au décret du roi d'Espagne relativement à la liberté du commerce avec l'Amérique espagnole ! Il donne à penser que le cabinet français l'a provoqué ; nous voulons en douter, mais si le fait était vrai, bien loin de s'en vanter, il faudrait s'en défendre ; c'est une bévue ! Appuyée par dix vaisseaux et dix mille hommes de débarquement, cette mesure aurait pu être bonne et sage ; réduite au texte d'un décret, elle ne fera pas rentrer un pouce de terrain sous la domination de la métropole, et n'aura d'autre résultat que d'exposer un peuple malheureux, mais qui n'a pas cessé d'être respectable, à jouer un rôle ridicule. Si *nos politiques* l'ont conseillée, il est évident qu'ils ont voulu paraître faire quelque chose pour l'Espagne, sans désobliger l'Angleterre ; ils ont cherché un moyen terme dont tout le monde fût satisfait. Les parties intéressées auraient tort vraiment de n'être pas contentes ; on ne leur donne rien, mais aussi, que leur ôte-t-on ? Et voilà le sublime de la politique !

qui espèrent, aspirent à sortir d'un provisoire devenu insupportable à tous : « On ne veut plus
» ni incertitude ni incertains, et les choix qui
» vont être faits, iront jusqu'à donner la pré-
» férence à celui qui est le plus fortement
» prononcé dans l'une ou l'autre opinion (1). »

Cette décision est frappante surtout chez les royalistes des départemens. Si nos députés arrivés dans la capitale se maintenaient tels qu'ils y entrent, il y a long-tems que les questions qui nous agitent seraient résolues; mais, à Paris, les opinions mises en contact avec les intérêts, ou seulement exposées aux cajoleries du pouvoir, perdent trop de leur vivacité.

Il ne faut pas être observateur profond pour surprendre le secret des royalistes, on le saisit dans la conversation la plus frivole, et d'ailleurs ils ne cherchent jamais à le cacher. Voulez-vous à une époque donnée savoir quelles sont les dispositions des royalistes? voyez quelle qualification leur plaît, quel titre ils sont disposés à accepter. Il y a quelques années, ils aimaient à se décorer du titre d'ultrà, dont on avait cru les blesser ; M. de

---

(1) *Gazette de Lyon.*

Villèle lui-même le recevait très-volontiers et plus d'une fois *comme député;* il a prouvé qu'il le méritait. En ce moment, appelez un royaliste ministériel, il se fâchera; hasardez le nom de politique, il trouvera la plaisanterie mauvaise, et vous répondra qu'il n'est plus abonné aux *Debats;* mais dites-lui qu'il est un fanatique; sortît-il du cabinet du ministre, vous êtes assuré de le voir sourire; il ne demande pas mieux que vous le preniez pour un fanatique; il sait que rien ne s'est fait que par eux; il sait que la force est là, et il n'y a pas de royaliste si timide qui ne veuille être réputé marcher avec les forts de son parti.

Ce n'est pas le mot de ministériel qui répugne aux royalistes, c'est son application. Qu'il arrive un ministère pris dans la tête du parti; qui déploie le drapeau de la monarchie dans sa grandeur, jette le drapeau de la révolution dans la fange; qui fasse voir par des actes patens l'accord possible des libertés publiques et de la royauté, tout royaliste voudra être ministériel.

Les élections nouvelles nous approcheront de ce but si désirable, si elles ne nous y conduisent pas immédiatement. Nous le répétons, la question n'est pas douteuse; beaucoup de droite, raisonnablement de gauche, point de centre, voilà la France parlementaire, notre chambre finira par en être la représentation fidèle. Toutefois, ce serait s'abuser que de penser qu'elle s'offrira dès cette année sous cet aspect de vérité; les efforts ministériels prévaudront encore cette fois-ci sur les opinions, nous aurons des élections du centre, elles seront laborieuses, mais plusieurs viendront à bien, il faut en prendre son parti. Quant aux royalistes, ils seront nombreux; admis ou exclus de la candidature, ils entreront en foule (1); qu'ils ne se divisent pas, que, réunis en une masse imposante, ils songent qu'ils ne sont envoyés que pour s'occuper des intérêts de la monarchie; que leurs regards se portent seulement vers le trône; qu'ils ne reconnaissent pour chefs que ceux qui ont mérité de l'être; et nous osons leur promettre un triomphe complet; ils pourront faire enfin pour la France quelque chose de grand, de vraiment utile, ils seront assurés d'être accueillis à leur retour par des applaudissemens plus flatteurs et plus dignes d'eux que des faveurs ministérielles.

---

(1) Le lecteur est prié de ne pas perdre de vue l'avertissement.

qui peuvent difficilement valoir ce qu'elles. coûtent presque toujours.

Nous adoptons trop franchement toutes les conséquences du gouvernement représentatif pour vouloir fermer à l'opposition la Chambre des députés, elle y a sa place marquée, qu'elle l'occupe, et puisse-t-elle s'y respecter !

Ce qu'on appelle *les notabilités* du parti libéral vont sans doute entrer dans l'assemblée nouvelle; s'il ne se présente que celles qui sont fondées sur des talens, nous serons loin de nous en plaindre. Nos adversaires profiteront des fautes commises; la septennalité, prétexte si malheureusement nécessaire, le droit d'aînesse si maladroitement jeté et comme à plaisir au milieu des élections, les journaux royalistes suppléant par la violence à la force qu'ils ont perdue avec leur indépendance; voilà les auxiliaires les plus sûrs qu'aient pu trouver les libéraux; ils ne seront pas nombreux, la moindre crainte à cet égard serait puérile; mais quel que soit leur nombre, il faut être bien persuadé que beaucoup d'entre eux devront leur nomination aux mesures mêmes que l'on a prises pour les exclure; en France, on est toujours disposé à courir vers les gens que l'on croit lésés, sans pour cela les aimer, et

les excès auxquels se sont portés les agens se-
condaires du pouvoir (de leur chef peut-être),
en donnant à nos adversaires l'avantage plus
réel qu'on ne croit, de se dire persécutés,
jeteront de leur côté une foule d'indifférens
qui sans cela n'y auraient jamais songé (1).

Ils voudront se plaindre cependant, permis
à eux; mais qu'ils s'adressent à qui de droit,
qu'ils ne nous importunent pas de leurs do-
léances; ils diront que l'on a adopté à leur
égard un système de déception, cela se peut;
nous n'avons pas trempé dans ce système,
nous sommes étrangers à ces manœuvres, *nous
ne les approuvons pas* (2); qu'ils se tiennent
donc bien pour avertis, nous ne sommes pour
rien dans tout cela, ce sont autant de choses
qui ne nous regardent pas, nous nous en la-
vons les mains.

Tout cela d'ailleurs ne nous profite pas,
ce n'est pas pour nous servir que ces moyens

---

(1) C'est bien ici qu'il faut se rappeler l'avertissement.

(2) La plus grande faute que pourraient faire les royalistes,
serait de paraître approuver seulement par leur silence ce qui
s'est fait en matière d'élection; nos députés sentiront qu'ils
se doivent à eux-mêmes d'exprimer hautement leur désaveu;
c'est le seul moyen de faire respecter leur élection.

ont été mis en usage ; nous n'en avions pas besoin, et telle n'a pas été l'intention de ceux qui les ont employés ; qu'on lise attentivement ces circulaires dont la France est inondée, qu'on se pénètre bien de leur esprit (si esprit il y a), et l'on se convaincra facilement qu'elles avaient autant pour objet d'écarter des royalistes que des libéraux, intention moins directement énoncée à la vérité, mais qui se manifeste assez par l'injonction faite aux électeurs tributaires, de voter pour le candidat ministériel, sans reconnaître de concurrent royaliste, « et où il ne leur est pas dissimulé » que tout autre vote même en faveur d'un » candidat connu par son attachement au gou- » vernement du Roi ne pourrait être consi- » déré que comme hostile (1). »

Cela est clair, formel, et n'a pas besoin de commentaire.

Nous avons pris jusqu'à ce moment la politique électorale de nos ministres par son côté

---

(1) Circulaire de M. de Coislin..... Des convenances que l'on appréciera bien ne nous permettent pas de dire ce que nous pensons, ou plutôt ce que nous font éprouver les circulaires militaires.... C'est le sentiment même que l'on a méconnu qui nous commande de nous taire, et nous nous taisons.

grave; un mot tombé de notre plume nous fait souvenir qu'elle en a un autre qui l'est infiniment moins; ce serait un recueil assez piquant que celui des circulaires. Nous mettons hors de rang celles des gens de guerre, cela est sérieux et point du tout plaisant.

Mais, ce qui l'est beaucoup, c'est de voir un procureur du roi déclarer à un brave huissier que, s'il ne vote pas pour tel candidat, il sera *dans le cas de l'abdication*; et si cet homme a le malheur d'avoir une opinion, si, par suite de cette opinion, il aime mieux donner sa voix à un Vitrolles qu'à un procureur du Roi qui aura appartenu à tous les ministères passés, appartiendra à tous les ministères à venir, nous le demandons, *cet officier* sera-t-il censé avoir abdiqué le droit de faire le protêt et d'exercer la contrainte?

C'est surtout en matière d'élections que les agens du pouvoir sont arrivés jusqu'au ridicule, c'est la dernière limite; en France, on ne connaît rien au-delà.

Une nouvelle session va s'ouvrir. Ici finit la tâche que nous nous étions imposés. Elle était plus pénible pour nous qu'on ne le croira peut-être; nous ne sommes pas l'ennemi personnel de M. de Villèle; dans un autre tems, nous avons manifesté à son égard des dispositions qui certes n'étaient pas hostiles; nous l'avons loué avec autant de publicité que nous le blâmons aujourd'hui (1); c'est que nous suivons constamment les mêmes règles de conduite. Persuadés qu'il faut toujours marcher avec son parti, lors même qu'il se trompe, nous avons, avec une conviction bien légère, mais animés du désir d'être utiles, contribué dans la mesure de nos faibles moyens à soutenir un homme d'état, que notre parti croyait appelé à être le soutien de la cause royale; il est enfin revenu de cette illusion; malgré les efforts et les sacrifices que l'on fait, surtout en ce moment, pour empêcher la pensée des royalistes de se manifester, il n'échappe pas aux hommes clair-voyans, qu'elle tend fortement à repousser M. de Villèle. Nous sommes entrés dans cette pensée, nous croyons avoir prouvé combien elle est fondée.

Les résultats répondront-ils aux désirs des royalistes? on peut l'espérer; le ministère va se trouver de nouveau en présence des Chambres et de l'opinion; nous croyons à l'autorité

____

(1) Et nous n'avons pas plus désiré qu'il nous connût alors, que nous ne le désirons actuellement.

morale des Chambres, nous croyons particulièrement à celle de l'opinion.

Quoiqu'il en puisse être, nous examinerons
avec l'attention dont nous sommes capables,
les positions respectives, et nous dirons alors
(ainsi que nous l'avons fait dans cet écrit) ce
que nous croirons vrai, ce que nous croirons
utile ; nous parlerons des intérêts de la monarchie, les seuls que nous puissions connaître.

Nous honorons trop les royalistes, pour ne
les pas croire animés des mêmes sentimens ; ils
ont désiré, dans des intentions louables et
pures, que M. de Villèle arrivât au pouvoir ; il
y est venu ; il n'a rien tenu de ce que, sur la
foi de cent discours, on croyait qu'il avait pro-
mis ; il a même assuré qu'il n'avait rien pro-
mis ; il a fait des fautes, beaucoup et de très-
grandes ; il n'a pas fait autre chose ; tous les
royalistes en conviennent, quelques-uns seulement s'en étonnent ; c'est un tort, on devait s'y
attendre ; il faut en croire ici M. de Villèle lui-
même.

C'est l'arbre qui porte son fruit.

––––––

Note indiquée à la page 13.

On a rendu publique à *Londres* une correspondance
du plus haut intérêt ; par des motifs que nous soupçon-

nons, mais qu'il serait fort inutile d'exposer, le texte
en a été modifié, la couleur surtout en a été sensiblement altérée, quelques assertions erronées s'y sont même
glissées ; mais le fond est resté vrai, et la note, dans
son ensemble, fait connaître avec une grande justesse,
ce qu'ont fait en Espagne le cabinet français et *l'alliance* ; nous donnons à nos lecteurs ce document essentiel, accompagné de quelques observations bien fondées, et de rectifications motivées sur la réalité des
faits.

« .... Le ministère français hésita long-tems
à se déclarer pour la guerre avec l'Espagne ; il conce-
vait des doutes sur la fidélité de l'armée, il craignait
des mouvemens révolutionnaires dans l'intérieur. Le
duc de Montmorency fut obligé de se retirer du ministère, pour avoir, à Vérone, provoqué la guerre avec
l'Espagne *malgré ses instructions.* » (Le correspondant
tombe ici dans une grande erreur ; le duc de Montmorency était autorisé, sa conduite fut d'abord hautement
approuvée et le titre d'honneur dont il plut au Roi de
le décorer en est une preuve suffisante.) « Après son
retour à Paris, le ministère français fit tous ses efforts
pour se dispenser de tenir les engagemens pris au congrès par le duc de Montmorency avec les souverains de
la Sainte-Alliance. » (Il n'y avait pas de Sainte-Alliance à Vérone, il n'y avait que des princes assemblés
pour défendre les droits des couronnes et les intérêts des
peuples.) « On peut citer à l'appui de cette assertion,
les articles que le *journal des Débats* inséra contre la
guerre dans le mois de décembre 1822 ; le courrier expé-

dié le 23 décembre par les ministres des puissances, pour rappeler les ambassadeurs résidant à Madrid. » (Il fallait ajouter, et la fameuse note de M. de Villèle, en date du 25 décembre 1822, qui avait pour but d'infirmer celles des puissances et de se séparer de l'alliance afin de conserver des relations avec les cortès ; dans la pensée profonde de vaincre une révolution avec des notes diplomatiques et des concessions!)

« Les menaces de l'ambassadeur russe de demander ses passeports, si le discours de la couronne, à l'ouverture des Chambres, n'annonçait pas la guerre avec l'Espagne ; le désir que l'ambassadeur exprima de voir commencer les hostilités avant que les préparatifs pussent être achevés, et finalement le manque d'efforts de la part du ministère français. » (Non pas assurément de la part du ministre de la guerre qui, avant même le retour de M. le duc de Montmorency, demandait instamment que l'on se mît en mesure afin d'être prêt à tout événement. Il sera prouvé jusqu'à l'évidence que la politique de M. de Villèle a beaucoup entravé le département de la guerre, et que cependant ce département n'a pas retardé d'une semaine l'exécution de la résolution lorsqu'enfin l'on a été obligé de la prendre.)

« Après avoir commencé la guerre, le ministère conçut l'espoir qu'elle serait terminée par les négociations entamées avec les généraux espagnols et avec quelques membres des cortès ; le ministère se berça constamment de fausses illusions à l'égard de la promptitude de ces négociations jusqu'au moment où parut l'ordonnance d'Andujar, du 8 août 1823 ; cette ordonnance, dont le but était de faire des partisans aux Français dans le parti constitutionnel et de conclure l'arrangement (*préparer la transaction*) si long-tems attendu, eut un résultat tout-à-fait contraire et accéléra le dénouement de Cadix. L'ordonnance d'Andujar tourna contre les Français tous les royalistes espagnols. » (Nous n'avons pas hésité à transcrire cette partie de la note ; les politiques voyant les mauvais résultats de l'ordonnance d'Andujar ont osé se cacher derrière un auguste personnage : on ne pouvait pousser plus loin l'oubli des convenances et celui des principes propres au gouvernement représentatif ; le conseil des ministres est responsable de tout ce qui se fait ; dès lors, comment supposer, sans sortir violemment des bornes du respect, qu'un prince si religieux observateur de tous ses devoirs ait seulement songé à prendre des résolutions que n'auraient pas sollicitées les ministres du Roi ; il n'est pas impossible que l'ordonnance ait été rédigée à Andujar ; mais il est impossible d'admettre qu'elle l'ait été dans un autre sens que celui indiqué par les ministres et conforme à la politique qu'ils avaient adoptée.)

« Les ministres des puissances alliées firent à leurs cours respectives des représentations sur le faux système que la France avait suivi dans les affaires d'Espagne ; leurs ambassadeurs à Paris présentèrent à ce sujet des notes très-énergiques ; la Russie annonça qu'elle ferait marcher ses armées sur la péninsule. » (Nous doutons fort de cette dernière assertion, au surplus la voie de la mer lui était ouverte.) « Dans cette occurrence, le ministère français convint avec les ambassadeurs de la Sainte-Alliance »

(nous avons fait remarquer l'impropriété de cette expression) « d'adopter trois principes invariables qu'on
suivrait dans la guerre d'Espagne. (A cette époque la
guerre tirait à sa fin.)

» 1°. Qu'on ne traiterait pas avec les cortès comme
corps; (avant cela on avait constamment négocié avec
elles pour obtenir une charte du roi.)

» 2°. Que la médiation de l'Angleterre serait refusée;
(son acceptation aurait supposé la reconnaissance du
gouvernement des cortès.)

» 3°. Qu'on ne souscrirait à aucune condition pour la
délivrance du roi, et que la condition de donner une
charte ne serait en aucune manière imposée, etc...... »

Ce que la note offre de plus important est renfermé
dans les trois derniers paragraphes; le correspondant
s'y montre d'une grande exactitude et nous pouvons assurer au *Journal des Débats* (qui le sait cependant aussi
bien que nous) qu'il a recueilli ces renseignemens ailleurs que dans une antichambre.

FIN

IMPRIMERIE DE J. G. DENTU.